• Artistas Anônimos •

ARTE RUPESTRE

Hildegard Feist

(Formada em Letras pela Universidade de São Paulo, é professora de português, francês e espanhol. Escritora e tradutora, cursou Sociologia de Comunicações na American University em Washington, D.C. EUA.)

Ilustrações: Luciana Hees

Altamente recomendável
Fundação Nacional do Livro Infantil e Juvenil, 2011
Categoria Informativo

São Paulo, 2010
1ª edição

DE ACORDO COM AS NOVAS NORMAS ORTOGRÁFICAS

MODERNA

© Hildegard Feist, 2010

COORDENAÇÃO EDITORIAL: Lisabeth Bansi
EDIÇÃO DE TEXTO: Ademir Garcia Telles
COORDENAÇÃO DE PRODUÇÃO GRÁFICA: Ricardo Postacchini, Dalva Fumiko N. Muramatsu
EDIÇÃO DE ARTE: Camila Fiorenza Crispino
CAPA: Luciana Hees
ILUSTRAÇÕES: Luciana Hees
COORDENAÇÃO DA REVISÃO: Elaine C. del Nero
REVISÃO: Ana Cortazzo
COORDENAÇÃO DE PESQUISA ICONOGRÁFICA: Ana Lucia Soares
PESQUISA ICONOGRÁFICA: Denise Durand Kremer
COORDENAÇÃO DE BUREAU: Américo Jesus
TRATAMENTO DE IMAGENS: Ateliê Digital
PRÉ-IMPRESSÃO: Helio P. de Souza Filho, Marcio H. Kamoto
COORDENAÇÃO DE PRODUÇÃO INDUSTRIAL: Wilson Aparecido Troque
IMPRESSÃO E ACABAMENTO: Forma Certa
LOTE: 770897
COD: 12066932

Dados Internacionais de Catalogação na Publicação (CIP)
(Câmara Brasileira do Livro, SP, Brasil)

Feist, Hildegard
Arte rupestre / Hildegard Feist. — 1. ed. — São Paulo : Moderna, 2010.

ISBN 978-85-16-06693-2

1. Arte rupestre I. Título.

10-04386   CDD-709.0113

Índices para catálogo sistemático:

1. Arte rupestre : História   709.0113

Reprodução proibida. Art.184 do Código Penal e Lei 9.610 de 19 de fevereiro de 1998.

Todos os direitos reservados

EDITORA MODERNA LTDA.
Rua Padre Adelino, 758 – Belenzinho
São Paulo – SP – Brasil – CEP 03303-904
Tel. (11) 2790-1500 - Fax (11) 2790-1501
www.moderna.com.br
Impresso no Brasil, 2023

Você já reparou que criança adora desenhar e colorir? Mesmo antes de aprender a escrever, ela já passa horas colorindo figuras nos livros que ganhou expressamente para isso ou nas revistas e nos jornais dos adultos. E não pode ver um lápis ou uma caneta que vai logo pegando e desenhando – ou tentando desenhar – em tudo que encontra pela frente, até mesmo nas paredes.

Pois saiba que, na "infância da humanidade", nossos antepassados também adoravam desenhar e colorir. Muitos desenhos que eles fizeram sobreviveram ao tempo e hoje podemos admirá-los. Esses desenhos fazem parte do que se convencionou chamar de arte rupestre e que inclui todo tipo de imagem não só desenhada, mas também pintada ou gravada numa superfície de pedra natural. Mas preste atenção: aqui, imagem gravada quer dizer algo como imagem riscada, escavada, entalhada, sulcada na pedra.

Pois bem, já que de alguns séculos para cá a humanidade inventou muitas outras superfícies mais adequadas para desenhar, pintar ou gravar, a arte rupestre é, basicamente, a arte dos povos pré-históricos. Certamente você já sabe, mas não me custa nada lembrar que pré-históricos são aqueles povos que viveram na "infância da humanidade", ou seja, há milhares e milhares de anos, quando ainda não existia escrita e não havia nem o mais remoto sinal de que um dia surgiria na Terra algo que merecesse o nome de "civilização". Eles nos deixaram muitas imagens desenhadas, pintadas e gravadas. As imagens desenhadas e pintadas são genericamente chamadas de pinturas rupestres. As imagens gravadas são chamadas de gravuras rupestres. Como não podemos ver todas essas imagens num livro tão pequeno, eu selecionei algumas das mais famosas ou mais impressionantes para lhe mostrar.

Vamos começar pelas pinturas rupestres.

O homem começou a pintar há mais de trinta mil anos. E pintava nas paredes das cavernas onde morava. Por aí você vê que ele não era muito prático. Em vez de ficar pintando, devia tentar construir pelo menos uma cabana. Devia plantar um pomar, cultivar uma horta, criar alguns animais para ter o que comer. O problema é que ele não sabia fazer nada disso. E, pelo jeito, estava muito contente de ter uma caverna para morar, relativamente protegido do frio, da chuva, do sol intenso.

Só não estava satisfeito com as frutas, as verduras e as raízes que a natureza lhe dava de graça, nem com as aves e os peixes que conseguia pegar sem maior esforço. Essas coisas não bastavam para lhe matar a fome e encher a barriga de toda a sua família. Só um bicho grande — um bisão, por exemplo — fornecia carne suficiente para todos e por várias semanas. Mas ele tinha de caçar esse bicho. E estava muito despreparado para isso. Seu "armamento", se é que se pode chamar assim, era bem fraquinho: praticamente se resumia a paus e pedras, usados tanto em estado bruto quanto na forma de apetrechos, como lanças, flechas e machados.

Para piorar ainda mais a situação, ele tinha de caçar a pé, justamente porque não havia domesticado nenhum animal que lhe servisse de montaria. Não é difícil imaginar que esse pobre homem tinha pouca chance de matar uma criatura muito maior, mais forte e mais rápida que ele. Em questão de segundos, podia levar uma violenta chifrada ou um coice daqueles e passar desta para melhor.

Esse coitado pensava tanto nos bichos que queria caçar (e, sobretudo, devorar) que praticamente não pintou outra coisa nas paredes das cavernas. Devia ser com o estômago roncando de fome que ele passava horas retratando animais grandes, como touros e bisões, que parecem surpreendidos em plena corrida e, às vezes, estão atravessados por uma lança. Um fato interessante é que ele pintava essas imagens lá no fundo da caverna, como se quisesse escondê-las. (Ainda bem que, a essa altura da

Cena de caçada. Pintura rupestre. Proximidades de Ghat, Líbia.

vida, ele já tinha aprendido a acender uma fogueira para enxergar num lugar tão escuro.)

Considerando todos esses elementos, muitos estudiosos do assunto chegaram à conclusão de que essas pinturas tinham um caráter mágico. Faziam parte de uma espécie de ritual que tinha por finalidade garantir uma caçada bem-sucedida. Retratar animais sendo capturados e mortos devia dar ao homem primitivo a certeza – ou a esperança – de que conseguiria capturá-los e matá-los na vida real.

É bem possível que, para reforçar o poder mágico da pintura, nosso artista e toda a sua turma "matassem" as imagens, atirando-lhes pedras ou cravando-lhes lanças de madeira. Essa espécie de ritual se repetia antes de cada caçada, sempre com novas imagens feitas com todo o capricho. Nossos amigos das cavernas deviam achar que a magia funcionaria melhor se o retrato da presa cobiçada fosse bem fiel à realidade.

Uma das pinturas rupestres mais antigas já encontradas está em Chauvet (pronuncia-se Chovê), caverna situada no sudeste da França. A pintura de Chauvet data do período compreendido, aproximadamente, entre 30.000 e 12.000 antes de Cristo e foi descoberta em 1994 por Jean-Marie Chauvet, Elliete Brunel e Christian Hillaire. Esses três franceses eram espeleólogos, estudiosos de cavernas, grutas e outras cavidades naturais.

Leopardo. Pintura rupestre de Chauvet, França.

A caverna Chauvet está organizada em quatro câmaras e uma galeria que abrigam, no total, mais de quatrocentas figuras de animais, como cavalos, bisões, mamutes, ursos, pássaros. Algumas figuras são apenas desenhadas, tendo os contornos em preto, ocre, marrom, vermelho. Outras são inteiramente pintadas nesses tons. Há uma imagem de leopardo — a primeira de que se tem notícia — com os contornos e as pintas vermelhas. E há ainda figuras com contornos brancos ou silhuetas brancas. Neste caso, elas não foram desenhadas nem pintadas, mas gravadas — no sentido de "riscadas", que eu expliquei ainda há pouco. Para criá-las, o artista primitivo riscou com uma lasca de pedra a camada de argila que recobre as paredes da caverna, deixando aparecer o calcário branco que está por baixo.

Mais famosas — e mais estudadas até agora — que as pinturas de Chauvet são as de Altamira e as de Lascaux (pronuncia-se Lascô). Altamira se situa no norte da Espanha. Suas pinturas foram criadas entre 14.000 e 9.500 antes de Cristo, aproximadamente, mas só foram descobertas em 1879, graças a uma menina chamada Maria. Ela era

Luta de cervos gigantes. Pintura rupestre de Chauvet, França.

Cavalo. Pintura rupestre de Chauvet, França.

filha do estudioso espanhol Marcelino de Sautuola. Vale a pena falar um pouco desse homem. Ele era um arqueólogo amador. Arqueólogo, você sabe, é o tipo de historiador que estuda estilos de vida de povos antigos através dos vestígios deixados por esses povos.

Pois bem, esse Marcelino Sautuola estava pesquisando os vestígios deixados no chão da caverna por antigos moradores de Altamira. Naturalmente, buscava pegadas, restos de fogueira, pedaços de espetos, ossos de animais — coisas desse tipo. Um dia, a menina Maria o acompanhou e, em vez de olhar para baixo, como ele, olhou para cima — e viu as pinturas.

Sautuola ficou empolgadíssimo e comunicou a descoberta a outros estudiosos, mas praticamente ninguém lhe deu crédito. Uns e outros chegaram até a dizer que ele mesmo havia pintado a caverna só para se fazer passar por um grande descobridor. É que nessa época ainda não se havia encontrado nenhuma pintura rupestre tão impressionante quanto a de Altamira. E os que duvidaram de Sautuola não acreditavam que o homem da pré-história fosse capaz de criar uma arte tão esplêndida. Só anos

Bisão. Pintura rupestre de Altamira, Espanha.

depois surgiram elementos — graças a novas descobertas, como a caverna de Lascaux, que vamos ver na sequência — que permitiram reconhecer a autenticidade desse achado. Mas o pobre Sautuola não pôde receber os aplausos: já tinha morrido, desacreditado e humilhado.

As pinturas de Altamira se concentram no teto de um espaço que mede cerca de duzentos metros quadrados e é chamado de sala principal. Mostram basicamente bisões imóveis, presos em armadilhas ou feridos. Vermelho, ocre e preto são as cores favoritas dos pintores de Altamira, que souberam aproveitar com muita habilidade as reentrâncias e saliências naturais da rocha. Esses altos e baixos reforçam a sensação de relevo criada pelos contornos das figuras, geralmente pretos.

A caverna de Lascaux situa-se no sudoeste da França. Suas pinturas datam do período compreendido, aproximadamente, entre 14.000 e 13.500 antes de Cristo. Sua descoberta, porém, ocorreu milênios depois e se deveu a um... cachorro.

Em 1940, uns meninos estavam passeando por ali, junto com o cachorro; de repente o cachorro sumiu. Os garotos o

Touro e cavalo. Pintura rupestre de Lascaux, França.

chamaram, ouviram uns latidos sufocados e, orientando-se pelos latidos, depararam com a entrada da caverna, coberta de mato. Não sei se esses meninos eram daqueles muito corajosos ou se gostavam tanto do cachorro que o medo de perdê-lo falou mais alto. O fato é que eles entraram na caverna e viram algumas pinturas. Contentes por recuperar o cachorro e certamente orgulhosos com a descoberta que fizeram, voltaram para casa e contaram para todo mundo a grande aventura. Naturalmente a história chegou aos ouvidos dos estudiosos, que trataram de investigar o achado (cujo autor, em última análise, foi o cachorro).

Pôneis. Pintura rupestre de Lascaux, França.

Cavalos e bois. Pintura rupestre de Lascaux, França.

A caverna de Lascaux é um dos conjuntos de arte pré-histórica mais ricos da Europa. Compõe-se de três partes: um corredor de acesso, uma espécie de antessala e a Sala dos Touros. A terceira parte é a mais interessante. Recebeu esse nome porque contém as figuras de seis touros de uns cinco metros cada um. Pintadas em preto e vermelho, essas imagens parecem se destacar da parede, como se os animais estivessem correndo, em carne e osso, ao vivo e em cores, dentro da caverna.

As pinturas de Lascaux incluem figuras de outros animais, como bisões, cavalos, mamutes, cabritos monteses, antílopes e cervos. Incluem também algumas figuras humanas. Os artistas que criaram todo esse conjunto trabalharam basicamente com três cores — preto, vermelho e amarelo —, fornecidas pelo material disponível — carvão, pedras, barro, terra. Apesar de suas limitações, conseguiram obter uma admirável variação de tonalidades, explorando habilmente a coloração natural da rocha.

Essas cavernas que acabamos de ver estão na Europa, mas foram encontradas pinturas rupestres em outras partes do mundo. Como, por exemplo, no planalto de Ajjer,

Duas pessoas. Pintura rupestre de Ajjer, Argélia.

uma série de estranhas formações rochosas que se erguem na África, no sudeste da Argélia, em pleno deserto do Saara.

As pinturas rupestres de Ajjer foram feitas entre o sexto milênio antes de Cristo e os primeiros séculos da era cristã. E só foram descobertas muito depois, mais precisamente em 1956, pelo estudioso francês Henri Lhote. Elas mostram algumas atividades da população local, como

Pessoas e gado. Pintura rupestre de Ajjer, Argélia.

pastoreio e colheita, que indicam uma grande mudança climática. Essas cenas sugerem que, na época, o Saara estava longe de ser um deserto, mas abrigava uma vegetação exuberante, uma fauna rica, uma gente cheia de vida.

Em 1972, esse importante sítio arqueológico foi declarado Parque Nacional de Tassili n'Ajjer. Sítio arqueológico é um local onde pessoas que viveram numa época muito antiga — como a pré-história — deixaram vestígios

"O disco solar". Pintura rupestre de Ajjer, Argélia.

de sua presença — pinturas, por exemplo —, que passaram a ser estudados pelos arqueólogos. Quanto a *tassili*, é uma palavra da língua berbere, falada pelos povos nômades do norte da África, e significa planalto.

E aqui no Brasil também existe pintura rupestre. Na década de 1970, estudiosos da equipe da arqueóloga Nièdre Guidon descobriram no Piauí pinturas que têm entre seis e doze mil anos de idade; são milhares de imagens muito simples, basicamente de homens e animais em movimento e focalizados de perfil.

Animal correndo. Pintura rupestre. Parque Nacional Serra da Capivara, Piauí.

As figuras humanas são as mais numerosas; elas aparecem isoladas ou em grupo, envolvidas em caçadas, combates, danças, rituais, tarefas do dia a dia. Quanto às figuras de animais, representam emas, seriemas, tatus, onças, jacarés, capivaras, macacos, peixes, entre outros componentes da fauna local.

Grupo de pessoas. Pintura rupestre. Parque Nacional Serra da Capivara, Piauí.

Além dessas imagens de homens e bichos, há diversos motivos geométricos, formados por pontos, círculos, linhas retas, espirais, triângulos. Para pintar tudo isso, nosso artista usou a própria rocha, rica em óxido de ferro, que lhe forneceu um pigmento ocre avermelhado.

Essas pinturas ficam no Parque Nacional Serra da Capivara, criado em 5 de junho de 1979 numa área de 129.140 hectares, ou 1.291,4 quilômetros quadrados. Em 1991, o Parque recebeu da Unesco (sigla do nome em inglês da Organização das Nações Unidas para a Educação, a Ciência e a Cultura) o honroso título de Patrimônio Cultural da Humanidade. Em 2010, incluía 1.266 sítios arqueológicos cadastrados, sendo mais de seiscentos deles com conjuntos de pinturas rupestres. É a maior concentração desse tipo existente no Brasil, mas os números vivem mudando, porque sempre surgem novos achados.

A região onde se situa o Parque atualmente é seca, abrigando árvores pequenas e espinhosas, típicas da vegetação chamada caatinga. Antigamente, porém, havia por lá muita água e uma viçosa floresta com bichos bem grandes, conforme atestam várias ossadas que os pesquisado-

Motivo geométrico. Pintura rupestre. Parque Nacional Serra da Capivara, Piauí.

res encontraram. Há uns seis mil anos, a região começou a secar; pessoas e animais começaram a ir embora; e a produção das pinturas mais significativas praticamente se encerrou.

O sítio arqueológico mais antigo do Parque Nacional Serra da Capivara é a Toca do Boqueirão da Pedra Furada. Foi escavado no período de 1978 a 1988 e

Aves. Pintura rupestre. Parque Nacional Serra da Capivara, Piauí.

contém não só pinturas, mas também os vestígios da presença humana mais antigos que já foram encontrados nas Américas. A descoberta desses vestígios — basicamente restos de fogueira — abalou as teorias sobre a data em que se acreditava que o homem chegou ao continente americano. Isso teria acontecido há pelo menos cinquenta mil anos, ou seja, mais de trinta mil anos antes do que os estudiosos em geral calculavam. E agora eles têm de rever os cálculos.

Animais e pessoas. Pintura rupestre. Parque Nacional Serra da Capivara, Piauí.

Acho que com esses exemplos você já tem uma boa ideia da pintura rupestre e posso lhe falar um pouco sobre a gravura rupestre. E sem sair do Brasil, pois para isso escolhi a Pedra do Ingá, sítio arqueológico elevado à condição de monumento nacional pelo Iphan, Instituto do Patrimônio Histórico e Artístico Nacional, em 30 de novembro de 1944.

Esse monumento se situa no município de Ingá, no sul da Paraíba. É uma espécie de paredão, ou muralha natural, com quase cinquenta metros de extensão e mais de três metros de altura. E suas gravuras constituem, até agora, um enigma que tem intrigado pesquisadores brasileiros e estrangeiros. Os estudiosos calculam que elas foram feitas há mais de oito mil anos. Porém, ainda não sabem quem as fez, o que significam, ou para que serviam. Há quem atribua sua autoria aos antigos fenícios, quando estiveram na América. Há quem afirme que são obra de extraterrestres. E há quem apresente hipóteses mais razoáveis, como as de que elas foram feitas por primitivos habitantes do local. Quanto ao significado ou à serventia, alguns estudiosos acreditam que se trata de um tipo de registro gráfico anterior à invenção da escrita. Outros as relacionam com cultos religiosos ou rituais de adoração da natureza.

Muitas dessas gravuras já desapareceram. Sabemos disso graças a depoimentos de velhos moradores locais, recolhidos em 1945, e a uma reprodução de imagens do Ingá feita na década de 1990. Essas perdas aparentemente se deveram à ação do tempo, mas em 1953 a Pedra inteira correu o risco de virar paralelepípedos e acabar nas ruas da capital, João Pessoa. Os operários já estavam manejando as picaretas, quando a Sociedade Paraibana de História Natural protestou, e a prefeitura de Ingá e o Iphan conseguiram impedir a destruição — que teria sido, no mínimo, vergonhosa. Ainda temos de melhorar muito no que diz respeito à conservação de nossos tesouros culturais e históricos.

E com as intrigantes gravuras do Ingá encerro esta minúscula amostra de arte rupestre. Espero que você tenha gostado e procure saber mais. Pesquise na internet ou na biblioteca de sua cidade. Peça a orientação de seu professor de História ou de Arte. Visite — ao vivo ou virtual-

mente — um sítio arqueológico como os que vimos aqui. Você só vai ganhar com isso. E eu também, porque vou ficar muito contente de ter sido a pessoa que chamou sua atenção para uma herança tão preciosa que nossos antepassados nos deixaram. Até a próxima.

Detalhe de gravura rupestre. Pedra do Ingá, Paraíba.

Gravura rupestre. Sítio arqueológico. Pedra do Ingá, Paraíba.